2024년 5월 25일 1판 2쇄 **펴냄**
2023년 10월 25일 1판 1쇄 **펴냄**

펴낸곳 (주)효리원
펴낸이 윤종근
글쓴이 유시나 · **그림** 위희경
등록 1990년 12월 20일 · **번호** 2-1108
우편 번호 03147
주소 서울시 종로구 삼일대로 457, 406호
전화 02)3675-5222 · **팩스** 02)765-5222

ⓒ2023. (주)효리원

잘못 만들어진 책은 구입하신 서점에서 바꾸어 드립니다.
ISBN 978-89-281-0778-0 70810

이메일 hyoreewon@hyoreewon.com
홈페이지 www.hyoreewon.com

속마음을 꿰뚫어 보는 적중률 100%

유시나 글 / 위희경 그림

 머리말

'나도 모르는 나'의 마음이 몹시도 궁금한 아이들에게

 애들아, 사람의 마음은 스스로 느끼고 생각하고 기억할 수 있는 '의식'과 자신의 의지와 상관없이 작동하는 '무의식'으로 나뉘어 있다는 거, 아니? 쉽게 얘기하면 '빛과 그림자' 같은 거야. '의식'이 빛을 받아 환하게 드러난 부분이라면, '무의식'은 어두운 그늘에 잠겨 있는 부분이지.
 빛이 비치면 늘 그림자가 따라다니는 것처럼 우리의 의식과 무의식도 긴밀하게 연결되어 있어. 그래서 끊임없이 서로 영향을 주고받는단다.
 더욱 놀라운 사실은, 의식보다 무의식의 세계가

훨씬 크고 넓다는 거야. 마치 '의식'이 수면 위로 뾰족 솟은 빙산의 한 귀퉁이 같다면, '무의식'은 수면 아래 잠겨 있는 거대한 빙산의 몸체라고 할 수 있지. 그래서 우리는 생각보다 훨씬 자신의 마음을 잘 모를 수밖에 없단다.

궁금하지 않니? 내 마음속에 꼭꼭 감춰진 나도 모르는 나!

그래서 준비했단다. 바로 내 마음속 그림자를 살짝 들춰 보는 심리 테스트! 궁금하면 지금 바로 책장을 넘겨 봐. 성격 유형, 우정과 연애 성향, 미래의 자기 꿈감도 등 종류별로 다양한 심리 테스트가 너희를 기다리고 있어.

재미있는 심리 테스트를 하나씩 해 보면서 나도 몰랐던 나를 새롭게 만나는 즐거움을 만끽하길 바랄게.

차례

제1장 성격 심리 테스트
나도 몰랐던 진짜 내 성격은? 16

햄버거 먹는 모습을 보면 성격이 보인다! 18
알쏭달쏭! 심리 테스트 결과 · 20

창문 모양으로 보는 나의 사회성 22
알쏭달쏭! 심리 테스트 결과 · 24

잠잘 때 자세로 알아보는 나의 성격 26
알쏭달쏭! 심리 테스트 결과 · 28

컵 잡는 손 모양으로 나를 안다고? 30
알쏭달쏭! 심리 테스트 결과 · 32

저 성벽의 높이는 얼마나 될까? 34
알쏭달쏭! 심리 테스트 결과 · 36

어떤 등 번호를 선택할까? 38
알쏭달쏭! 심리 테스트 결과 · 40

홀로 남겨진 인형은 무슨 생각을 할까? 42
알쏭달쏭! 심리 테스트 결과 · 44

서랍 속에는 어떤 물건이 들어 있을까? ······ 46
알쏭달쏭! 심리 테스트 결과 · 48

나비는 어디로 날아갈까? ······ 50
알쏭달쏭! 심리 테스트 결과 · 52

사진을 찍어 봐~ 성격이 보여! ······ 54
알쏭달쏭! 심리 테스트 결과 · 56

마음에 드는 색을 골라 볼까? ······ 58
알쏭달쏭! 심리 테스트 결과 · 60

제2장 우정 심리 테스트
나, 친구들, 그리고 우정
62

어떤 색 손수건을 자주 써? ······ 64
알쏭달쏭! 심리 테스트 결과 · 66

주문 스타일로 아는 친구 대하는 태도 ······ 68
알쏭달쏭! 심리 테스트 결과 · 70

차례

넘어진 유리잔이 깨진 내 마음이라고? ········· 72
알쏭달쏭! 심리 테스트 결과 · 76

친구의 생일 선물 어떻게 고를까? ············· 78
알쏭달쏭! 심리 테스트 결과 · 82

SNS로 알아보는 친구 성향 ···················· 84
알쏭달쏭! 심리 테스트 결과 · 86

비상금을 어디에 보관할까? ··················· 88
알쏭달쏭! 심리 테스트 결과 · 90

나의 우정 지수는 어느 정도일까? ············· 92
알쏭달쏭! 심리 테스트 결과 · 94

제3장 연애 심리 테스트
두근두근 ♥ 내 사랑을 알려 줘 ··· 96

어디 있는 과일을 따서 먹을까? ··············· 98
알쏭달쏭! 심리 테스트 결과 · 100

생과일주스로 알아보는 데이트 스타일 ···· 102
알쏭달쏭! 심리 테스트 결과 · 104

식당에 가면 연애 스타일이 보여! ···· 106
알쏭달쏭! 심리 테스트 결과 · 108

붕어빵 먹으면서 내 바람기를 알아볼까? ···· 112
알쏭달쏭! 심리 테스트 결과 · 114

광고로 보는 나의 매력 지수는? ···· 116
알쏭달쏭! 심리 테스트 결과 · 118

나는 연인의 과거를 어떻게 대할까? ···· 122
알쏭달쏭! 심리 테스트 결과 · 124

나의 연애 지수는 얼마나 될까? ···· 126
알쏭달쏭! 심리 테스트 결과 · 128

나에게 맞는 고백 방법은? ···· 132
알쏭달쏭! 심리 테스트 결과 · 134

아이스크림으로 알아보는 나의 애교 지수는? ···· 136
알쏭달쏭! 심리 테스트 결과 · 138

차례

좋아하는 여행법이 나의 이상형! ········· 140
알쏭달쏭! 심리 테스트 결과 · 142

연인을 대하는 나의 스타일은? ········· 144
알쏭달쏭! 심리 테스트 결과 · 146

이름으로 알아보는 연애 궁합 ········· 148
알쏭달쏭! 심리 테스트 결과 · 152

행동으로 알아보는 호감 지수 ········· 156
알쏭달쏭! 심리 테스트 결과 · 158

제4장 미래 심리 테스트
알쏭달쏭 내 운명이 궁금해! ········· 160

나는 어떤 인생을 살아갈까? ········· 162
알쏭달쏭! 심리 테스트 결과 · 164

어떤 왕자님이 기다리고 있을까? ········· 166
알쏭달쏭! 심리 테스트 결과 · 168

누가 먼저 건널까? ········· 170
알쏭달쏭! 심리 테스트 결과 · 172

어떤 초능력을 갖고 싶어? ········· 174
알쏭달쏭! 심리 테스트 결과 · 176

나는 어떻게 부자가 될까? ········· 178
알쏭달쏭! 심리 테스트 결과 · 180

어디로 여행을 갈까? ········· 182
알쏭달쏭! 심리 테스트 결과 · 184

타임캡슐에 무엇을 넣을까? ········· 186
알쏭달쏭! 심리 테스트 결과 · 188

안녕! 내 이름은 아리야. 만나서 반가워.
너희는 가끔 알쏭달쏭하지 않니?
'진짜 내 마음은 뭐지?'
'내가 좋아하는 저 아이의 속마음은 어떨까?'
그래서 준비했어. 두근두근 쿵쿵 심리 테스트~.
지금부터 나와 함께 마음 여행을 떠나 보자.
렛츠 고~!

이야~옹~! 나는 아리의 스마트한 조수,
미니야~옹. 아리는 덜렁이라서
내가 옆에 딱! 붙어서 챙기고 있지~옹.
그러니까 마음 턱 놓고 심리 테스트 하러
출발~! 니야옹~!

제1장 · 성격 심리 테스트

나도 몰랐던 진짜 내 성격은?

햄버거 먹는 모습을 보면 성격이 보인다!

내가 좋아하는 햄버거! 참, 너희는
햄버거 먹을 때 어떻게 먹어? 햄버거를 먹는
모습으로도 성격을 알 수 있어. 나? 난 이렇게
두 손으로 딱 잡고, 크게 한입 앙~!

① 한입 가득 베어 먹는 형

② 입을 가리고 먹는 형

③ 손으로 떼어 먹는 형

④ 가장자리부터 먹는 형

⑤ 한입 크기로 잘라 먹는 형

생선은 머리부터 먹어야 제맛! 햄버거는 왜 뚜껑부터 안 먹는지 모르겠다옹!

심리 테스트 결과

 한입 가득 베어 먹는 형

매력이 철철 넘치는 유쾌 상쾌 호쾌한 성격의 소유자. 좋고 싫음이 분명하고, 감수성이 풍부해서 이것저것 재고 따지기보다는 마음에 드는 물건을 보면 바로 사는 편이야.

 입을 가리고 먹는 형

입을 가리고 조금씩 먹는다면 주의 깊고 신중한 성격. 어떤 일이든 계획을 세워서 차근차근 하는 형이라 충동구매나 과소비를 하는 경우가 드물어.

 손으로 떼어 먹는 형

소심할 정도로 조심성이 많은 편. 물건을 살 때 선뜻 결정하지 못하고 고민만 하는 선택 장애를 겪곤 해.

물건을 사고도 "괜히 이거 샀나? 다른 거 살걸!" 하고 후회하는 경우가 많아.

 가장자리부터 먹는 형

가장자리를 돌려 가며 먹으면, 돈을 펑펑 쓰지 못하는 성격이야. 알뜰하게 쓰려고 노력하는 편이지. 그러나 때로는 너무 가성비를 따지다가 필요 없는 물건을 사서 쟁여 두는 실수를 범하기도 해.

 한입 크기로 잘라 먹는 형

먹기 좋은 크기로 잘라 먹는다면 꼼꼼하고 성실한 성격. 원리 원칙대로 일일이 계획을 세워서 소비하려고 해. 가격까지 미리 알아 놓을 정도지. 그렇다고 짠 내 나는 소비만 하지는 않아. 마음에 쏙 들거나 꼭 필요한 일에는 가격 상관 않고 질러 버리는 배짱도 있어.

창문 모양으로 보는 나의 사회성

나의 로망은 창가에 앉아서 차를 마시며 책을 읽는…. 후훗, 쓸데없는 소리 그만!
이번에는 창문 모양으로 사회성을 알아볼 거야. 마음에 드는
창문 모양을 하나
선택해 봐~!

① 완전히 가려진 창문

② 반쯤 가려진 창문

③ 활짝 열린 큼직한 창문

④ 한쪽짜리 소그만 창문

⑤ 천장에 낸 창문

⑥ 아치형 창문

심리 테스트 결과

완전히 가려진 창문

커튼이나 블라인드가 내려진 창문을 선택했다면 내성적이고 조용한 성격. 혼자 있는 시간을 소중히 여기는 사람이지. 다른 사람과 관계 맺는 데 서툴러서 깊은 관계를 맺지 않으려고 피하는 편이야.

반쯤 가려진 창문

커튼이나 블라인드를 내려 반쯤 가린 창문이 좋다면, 모나지 않고 원만한 성격이야. 큰 어려움 없이 인간관계를 유지하면서 사회생활을 잘해 나가지.

활짝 열린 큼직한 창문

낯가림이 적어서 누구와도 쉽게 친해지는 마당발은 보통 활짝 연 창문을 좋아해. 사람들과 어울리기를 몹시 좋아하고 즐기지.

한쪽짜리 조그만 창문

수줍음과 낯가림이 심한 편. 낯선 사람에 대한 경계심이 높아서 사람들과 쉽게 친해지지 못해. 자신과 맞는 몇몇 하고만 속내를 털어놓고 지내지.

천장에 낸 창문

겁 많고 외로움을 잘 타는 편. 사람들과 어울리기를 좋아하고, 분위기 파악도 잘해서 어디에서든 환영받아. 하지만 정작 자신은 상처 받을까 봐 속마음을 잘 보여 주지 않지. 친해지기까지 시간이 좀 걸려.

아치형 창문

좋고 싫음이 분명한 편. 자기 취향이 확고해서 아무한테나 마음을 열지 않아. 적당한 거리를 두고 자신과 맞는 사람들만 걸러서 사귀는 편이야.

잠잘 때 자세로 알아보는 나의 성격

아~함! 잘 잤다. 숙면이야말로 최고의 건강 비결!
나는 침대 한가운데에 큰 대(大) 자로 누워서
자는데, 너희는 어떠하니?
어떤 자세로 자는지 한번 골라 볼래?

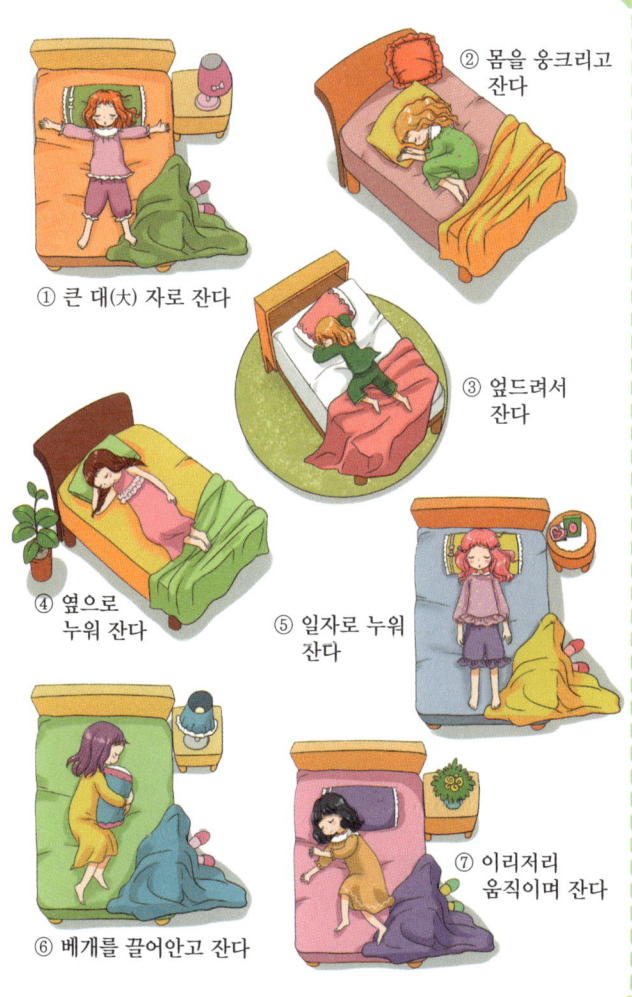

심리 테스트 결과

 큰 대(大) 자로 잔다

팔다리를 벌리고 큰 대 자로 잔다면, 자유분방하고 다정다감한 성격. 간혹 도가 지나치면 오지랖이 넓다는 소리를 듣기도! 사교성이 뛰어나고 낙천적인 성격 덕분에 대인 관계가 좋은 편이야.

 몸을 웅크리고 잔다

몸을 웅크리고 새우잠을 잔다면 소심하고 내성적인 성격. 겉으로 씩씩하고 활동적으로 보여도 사실은 마음이 여리고 감수성이 예민해. 속정이 깊어서 한번 마음을 연 사람과는 깊은 관계를 맺는 타입이지.

 엎드려서 잔다

활달하고 밝은 성격. 주관이 뚜렷하고 추진력이 강해. 다만, 자기중심적이 될 수 있으니 조심! 감성적이고 참을성이 부족해서 불안이나 스트레스에 약해.

옆으로 누워 잔다

여유만만하고 느긋한 성격. 의심이 적고 남을 잘 믿는 편이지. 너그럽지만 자신이 세운 원칙을 철저히 지키는 뚝심만큼은 최고!

 ### 일자로 누워 잔다

반듯하고 성실한 성격. 차분하면서 강한 의지력, 뚜렷한 가치관까지 두루 갖춘 모범생 타입. 완벽주의 성향이 강해서 작은 실수조차 용납하지 못하지.

 ### 베개를 끌어안고 잔다

외로움을 잘 타는 정 많은 성격. 남을 쉽게 믿지 못하지만, 한번 믿으면 끝까지 신뢰를 지키는 의리파! 뭐든 신중하게 결정해서 끝까지 해내고 말아.

 ### 이리저리 움직이며 잔다

전형적인 몽상가 성격. 상상력이 풍부하고 장난기가 넘치지. 새로운 시도를 잘하는 재주꾼이지만, 끈기가 부족하고 변덕이 심해서 중도에 포기하지 않도록 주의가 필요해!

컵 잡는 손 모양으로 나를 안다고?

자고 일어나면 곰돌이 컵에 우유를
가득 따라서 호로록 홀짝! 아우, 맛있어.
참, 너희 그거 아니? 컵을 잡는 손 모양으로도
성격을 알 수 있다는 거!

① 손가락으로 손잡이를 잡는 유형

② 손잡이를 잡고 새끼손가락을 펴는 유형

③ 두 손으로 컵의 몸통을 감싸 쥐는 유형

④ 손잡이 반대편 몸통을 잡는 유형

⑤ 엄지를 손잡이에 끼우고 컵을 잡는 유형

⑥ 컵을 손바닥에 받쳐 드는 유형

심리 테스트 결과

손가락으로 손잡이를 잡는 유형

부드럽고 온화하게 보이지만, 내면이 단단하고 의지가 강한 성격. 한번 결정한 일은 끝까지 밀고 나가는 추진력이 대단해.

손잡이를 잡고 새끼손가락을 펴는 유형

감각적이고 센스 넘치는 멋쟁이. 우아하고 지적인 것을 좋아하고, 집중력이 뛰어나서 맡은 일을 잘 해내는 타입. 활달해서 대인관계도 원만해.

두 손으로 컵을 붙잡는 유형

너그럽고 따뜻한 마음의 소유자. 남에게 싫은 소리를 못 하고 다툼을 싫어해서 문제가 생기면 부드럽고 원만하게 해결하려고 노력해.

손잡이 반대편 몸통을 잡는 유형

할 말은 다 하는 야무지고 똑 부러진 성격. 가치관이 뚜렷하고, 좋고 싫음이 분명하며, 남의 이목을 크게 신경 쓰지 않아. 그래서 자유분방하고 호탕하지.

 ### 엄지를 손잡이에 끼우고 컵을 드는 유형

긍정 에너지가 넘치는 타고난 낙천가. 쾌활하고 시원시원하며 털털한 성격으로 사소한 것에 집착하지 않고 언제나 긍정적으로 생각하는 타입이야.

 ### 컵을 손바닥에 받쳐 드는 유형

4차원적인 매력이 넘치는 개성 만점 성격. 생각이 많아서 혼사만의 세계에 자수 빠져 있고, 독특한 발상을 아주 잘해. 감수성이 풍부한 편이지만 참을성은 부족해.

저 성벽의 높이는 얼마나 될까?

여행은 언제나 굿!
우아, 아름다운 성이다! 저 성의 성벽은
얼마나 높을까? 내가 찾아간 근사한 성.
성벽의 높이를 한번 상상해 봐!

① 발목 높이의 낮은 성벽

② 어깨 정도 높이의 성벽

③ 키를 살짝 넘는 성벽

④ 2미터가 훨씬 넘는 성벽

⑤ 까마득히 높은 성벽

심리 테스트 결과

 발목 높이의 낮은 성벽

자기 자존심보다 다른 사람의 마음을 더 중요하게 여기는 성격. 자기 자신보다 남을 위하는 경우가 많아서 늘 손해를 보는 타입이지.

 어깨 정도 높이의 성벽

상황 파악이 빠르고 유연하고 융통성이 있는 성격. 자칫 줏대 없이 아부하는 비굴한 성격으로 비쳐서 남들에게 종종 오해를 사기도 하지.

 키를 살짝 넘는 성벽

자기 자존심을 지키면서 타인도 존중하는 성격. 다른 사람을 깔아뭉개지도 않고, 이기적인 억지와 고집 따위도 부리지 않지.

2미터가 훨씬 넘는 성벽

자존심이 강한 성격. 자존심 때문에 주변 사람들과 다투거나, 심한 경우 절교를 하기도 해. 또 자존심을 내세우다 손해를 보는 일도 종종 생기지.

 ### 까마득히 높은 성벽

자존심이 세도 너무 센 성격. 밑도 끝도 없는 자존심 경쟁에 주변 사람들과 불필요하게 싸우고 갈라서는 경우가 허다하게 벌어지니 조심, 또 조심!

> 성벽은 내 자존심을 나타내는 거야. 성벽의 높낮이가 자존심의 높낮이라고 생각하면 돼.

어떤 등 번호를 선택할까?

야호, 오늘은 달리기 대회 날! 꼭 1등을 해서
상품을 차지해야지. 참, 이번 대회는 등 번호를
직접 고를 수 있대. 난 1등을 할 거니까 1번!
넌 몇 번을 달고 출전할래? 등 번호를 골라 보렴!

심리 테스트 결과

 100번

이기적인 성격. 자기만족을 우선시하는 경향이 강해. 가끔은 이기적인 마음을 잠시 내려놓고 다른 친구에게 양보를 하는 건 어떨까?

 99번

자신감이 부족한 성격. 만족보다는 부족함을 느끼는 경우가 많아. 덕분에 더욱 노력해서 남들보다 좋은 결과를 내기도 하지.

 7번

긍정적이고 명랑한 성격. 어려운 문제를 만나더라도 쉽게 좌절하지 않아. 타고난 낙천가라 언제나 행운이 함께할 거라고 믿지.

3번

단합과 결속을 중요하게 여기는 성격. 누군가 뒤처지면 손을 잡고 함께 달려 줄 정도지. 하지만 누군가 조직을 배신한다면 쉽게 용납하지 않아.

 2번

협조를 잘하는 우호적인 성격. 남의 의견에 반대하기보다는 잘 따라 주고 함께하는 걸 좋아해.

 1번

시원시원한 성격. 솔직하고 행동력이 뛰어난 편으로, 원하는 게 있으면 바로 행동으로 옮겨.

 0번

욕심이나 고집을 부리지 않는 성격. 의외로 소극적인 면이 많아. 남들에게 뭔가를 바라지도 않지만, 본인에게도 특별히 바라는 게 없어.

홀로 남겨진 인형은 무슨 생각을 할까?

무슨 소리지? 이 방엔 토순이 인형만 덩그러니 있는데…. 혹시 토순이가 말했나? 토순이는 대체 무슨 말을 중얼거렸을까?

① 나는 왜 이곳에 있는 걸까?

② 나는 누굴까?

③ 난 앞으로 어떻게 될까?

심리 테스트 결과

방에 홀로 있던 토순이는 어린 시절의 네 모습이다옹! 토순이가 한 말을 보면 네가 타고난 성향을 알 수 있다옹~~.

흠, 넌 역시 내 조수야! 내가 잘 가르쳐 놨다니까. 후훗!

나는 왜 이곳에 있는 걸까?

어떤 일이 생기면 머리보다 몸이 먼저 움직이는 사람. 그만큼 직관력이 좋고 본능적인 감각과 순발력을 타고났지. 한마디로 씩씩한 활동가 스타일!

 나는 누굴까?

감수성이 예민하고 마음씨가 따뜻한 사람. 웃음도 눈물도 정도 넘치는 성격이라 누구를 만나든 진심으로 대하지. 배려와 존중의 끝판왕!

 난 앞으로 어떻게 될까?

이성적이고 객관적인 사람. 이해력이 뛰어난 논리적 사고의 달인. 숫자에 강하고 게임도 즐겨서, 말로 밀리는 일이 없는 토론가!

서랍 속에는 어떤 물건이 들어 있을까?

어린 시절 쓰던 작은 책상을 찾았어. 그런데 서랍이 잠겨 있지 뭐야. 서랍 안에 뭐가 들어 있을까? 너희라면 서랍에 무엇을 넣고 잠갔겠니? 한번 상상해 봐~.

① 사진 앨범과 액자

② 일기장

③ 인형, 게임기 등 장난감

④ 예금 통장

심리 테스트 결과

사진 앨범과 액자

추억을 소중하게 여기는 사람. 물론 그 추억의 시간을 그리워하기도 하지. 지나간 추억을 섬세하게 간직하고 있는 타입이야.

일기장

지나간 일을 마음에 꼭꼭 담아 두는 사람. 과거에 집착하는 성향이 있지. 추억에 너무 깊이 빠져서 헤어 나오지 못하는 때도 있어.

> 서랍 속 물건은 내가 마음속 추억을 대하는 태도를 나타내.

 인형, 게임기 등 장난감

즐거운 추억만 기억하는 사람. 과거보다는 미래에 더 관심을 많이 갖는 경향이 있어.

 예금 통장

시간 개념이 정확한 사람. 원체 성격이 철저하고 꼼꼼해서 언제 누구와 무슨 일이 있었는지 정확히 기억해 내곤 해.

훨훨 나는 나비가 참 자유로워 보이지?
나도 나비가 되어 어디론가 날아가고 싶어.
그런데 어디로 가지? 네가 나비라면 어디로
날아갈지 한번 골라 봐~.

① 푸른 하늘로

② 우거진 숲으로

③ 예쁜 꽃밭으로

④ 너른 들판으로

심리 테스트 결과

푸른 하늘로 날아가는 나비

긍정적이면서 자유로움을 추구해. 매사에 긍정적이다 보니 힘든 일도 마다하지 않고 늘 최선을 다하지.

> 나비가 날아간 곳은 내가 소중히 여기는 가치를 의미해. 이를 통해 나의 타고난 성향을 알 수 있어.

숲으로 날아가는 나비

마음의 안정을 추구해. 그래서 욕심을 부리거나 물건에 집착하지 않아. 불편하고 불안한 상황을 극도로 싫어하지.

꽃밭으로 날아가는 나비

아름다움과 감동이 가득한 세상을 추구해. 자신을 잘 가꾸고 필요한 경우 좋게 포장을 하기도 해.

들판으로 날아가는 나비

모두가 평화롭고 행복한 세상을 추구해. 평등과 평화를 사랑하기에 주변에서 발생하는 문제나 다툼에 적극적으로 개입하곤 해.

사진을 찍어 봐~
성격이 보여!

룰루랄라, 기차를 타고 여행을 떠나자~!
여행에서 빠질 수 없는 것이 있으니, 바로 사진.
다들 자신만의 사진 찍는 스타일이 있지?
귀엽고, 멋지고, 예쁘게, 찰칵!

① 셀카부터 찍어야지!

② 단체 사진 찍자!

③ 독사진 부/탁\해→요~!

④ 나보다는 배경이 너 돋보이게 찍어 줘!

⑤ 난 배경만 찍을래!

심리 테스트 결과

 셀카부터 찍어야지!

사람들 앞에 나서는 걸 좋아하는 사람. 열정이 넘치는 타입으로, 자신이 최고가 아니면 만족하지 못해. 리더십이 있어서 사람들도 잘 따르지.

 단체 사진 찍자!

남들에게 모범이 되는 사람. 다른 사람이 하기를 기다리기보다는 먼저 나서서 이끄는 성격.

 독사진 부/탁\해→요~!

앞으로 나아가고자 부단히 노력하는 사람. 성취욕도 아주 강해서, 목표한 바를 이루기 위해 자신에게도 무척 엄격한 편이야.

나보다는 배경을 더 돋보이게 찍어 줘!

감수성이 뛰어나고 예민한 사람. 다른 사람의 감정에도 적극 호응하는 따뜻함이 있어. 뛰어난 창의력과 예상치 못한 로맨스로 주위 사람들을 놀래키기도 해.

 난 배경만 찍을래!

혼자만의 시간을 소중히 여기는 사람. 사람들과 어울려 지내는 것보다는 동물이나 기계와 함께 있는 걸 더 편안하게 여기지. 이러한 성격 탓에 객관적이고 생각이 깊은 편이야. 소문에 잘 휩쓸리지도 않아.

마음에 드는 색을 골라 볼까?

신난다, 이게 얼마 만의 쇼핑이야!
내가 살 품목은 책갈피, 탁상시계, 베갯잇, 연필….
어쩜 이렇게 알록달록 색깔들이 다 예쁠까?
너라면 어떤 색깔을 고를래?

책갈피

베갯잇

탁상시계

연필

심리 테스트 결과

1 빨간색 밝고 쾌활한 성격. 다소 다혈질이라서 감정이 훅 달아올랐다가 쉽게 포기하는 경향이 있어.

2 주황색 전형적인 무대 체질! 예쁘게 꾸미고 칭찬받는 걸 원하고 즐겨. 다른 사람의 시선을 한 몸에 받는 것을 좋아하지!

3 노란색 생각이 깊은 형. 창의력이 뛰어나서 톡톡 튀는 아이디어를 내놓는 경우가 많아. 반항적인 기질도 있어서 강요당하는 걸 싫어해.

4 초록색 사교성이 좋고 적응력이 뛰어나. 하지만 곤란한 상황에 처하면 자기부터 우선시하는 이기적인 모습을 보이기도 해.

5 **파란색** 사색형. 생각에 잠기거나 자기만의 취미 생활에 심취하는 성격이야. 예민하고 내성적이라 다른 사람의 시선을 몹시 부담스러워해.

6 **분홍색** 호기심 많고 자유분방한 성격. 지루하게 반복되는 일을 못 견디고, 틀 안에 갇히는 걸 싫어해. 새로운 일에 흥미를 느끼고 즐거워하다가도 얼마 안 돼 싫증을 내곤 해.

7 **보라색** 감수성이 예민하고 상상력이 풍부해. 다른 사람의 이야기를 경청하며 깊이 공감해 주고는 하지. 하지만 자신에게는 만족하지 못하고 콤플렉스가 많은 편이야.

8 **검정색** 소심하고 부끄러움을 많이 타는 성격. 하지만 순둥이는 절대 아니야! 자존심이 쎄고 고집이 만만찮거든.

제2장 · 우정 심리 테스트

나, 친구들, 그리고 우정

어떤 색 손수건을 자주 써?

어머, 아이가 넘어졌네! 괜찮니?
이런, 무릎에서 피가 나잖아! 맞다,
손수건이 있지! 오늘 내가 챙겨 온
손수건이 무슨 색이더라?

심리 테스트 결과

흰색

친구 사이라고 해도 자신의 이야기를 허심탄회하게 하지 않는 사람. 친하게 지낸 지 오래되었다고 해도 속내를 털어놓지 않아. 대신 함께 나눈 비밀은 잘 지키는 편이야.

보라색

친구 관계에 성실하고 충실해. 친구가 많지는 않아도 다들 오랜 친구지.

파란색

친구 관계에 대해 무척 순수한 사람. 거짓말을 하는 일이 드물지만, 하더라도 서툴러서 금방 티가 나.

노란색

알게 모르게 친구에게 의지하는 편이야. 친구의 도움을 은근히 많이 받지. 오래된 친구보다 새로 사귄 친구에게 조금 더 신경을 써.

빨간색

사교성도 좋고 활동적이라 늘 친구들에게 둘러싸여 있는 사람. 붙임성이 좋아 어떤 친구와도 잘 지내지만, 속으로는 섬세하고 상처를 잘 받으며 고민도 많아. 속마음을 꽁꽁 숨겨 두어서 친구 수만 많지, 마음을 나누는 관계는 얼마 안 돼.

주문 스타일로 아는 친구 대하는 태도

요즘 사이가 좀 멀어진 친구와 만나기로 했어.
같이 맛있는 걸 먹다 보면 다시 친해질까 해서….
그나저나 뭘 먹지? 햄버거? 즉석 떡볶이? 너라면
뭘 고를래? 그리고 보통 누가 메뉴를 정하니?

① 친구 의견에 맞추는 형

② 내가 나서서 고르는 형

③ 뭐든 시큰둥해하는 형

④ 자꾸 묻는 형

심리 테스트 결과

주문하는 스타일은 멀어진 친구를 대하는 나의 성향을 나타내. 늘 붙어 지내던 단짝 친구였지만, 지금은 다른 아이랑 더 친하게 지내는 듯 보이는 친구! 이럴 때, 난 어떻게 반응할까? 결과를 살펴보자!

친구 의견에 맞추는 형

친구를 믿고 기다리는 성향. 단짝 친구가 멀어졌다가 다시 돌아온다면 아무 일 없었던 것처럼 받아 주고, 돌아오지 않으면 믿고 기다리는 순정파지.

 내가 나서서 고르는 형

친구에게 대놓고 누구를 선택할지 물어보는 성향. 단짝 친구가 자신을 선택하면 쿨하게 받아 주고, 아니라면 뒤도 돌아보지 않고 절교를 선언하지.

 뭐든 시큰둥해하는 형

혼자 끙끙 앓으면서 힘들어 하는 성향. 바로 따지지 못하고 단짝 친구의 배신을 되뇌이며 자기 감정을 억눌러. 그러다가 어느 순간 감정을 폭발시키지.

 친구들에게 자꾸 묻는 형

철저하게 복수를 계획하는 성향. 친구의 배신을 알아도 겉으로 드러내지 않아. 대신 자신에게 한 행동들을 하나씩 되짚어 본 뒤 배신당한 게 확실해지면 그때 복수를 실행하지.

넘어진 유리잔이 깨진 내 마음이라고?

며칠 전에 친구 진이를 만났는데, 걔가 너무 늦게 온 거야. 화가 나서 '왜 이렇게 늦은 거야!'라며 테이블을 탁 쳤지. 그랬더니 유리잔이 넘어졌지 뭐야. 한번 상상해 봐, 유리잔은 어떻게 넘어졌을까?

① 유리잔이 내 쪽으로 넘어지고, 깨지지 않았다

② 유리잔이 내 쪽으로 넘어지고, 쨍그랑 깨졌다

③ 유리잔이 진이 쪽으로 넘어지고, 깨지지 않았다

④ 유리잔이 진이 쪽으로 넘어지고, 쨍그랑 깨졌다

⑤ 유리잔이 탁자 중간에서 넘어지고, 깨지지 않았다

⑥ 유리잔이 탁자 중간에서 넘어지고, 쨍그랑 깨졌다

심리 테스트 결과

유리잔이 넘어진 방향과 깨짐은
다툰 뒤 친구를 대하는
내 모습을 나타낸다~옹!
난 친구랑 다투면
어떻게 하는 사람인지
한번 볼까?

 유리잔이 내 쪽으로 넘어지고, 깨지지 않았다

다툼이 생기면 먼저 사과하고 다가서는 성향. 이해심이 많은 편이라 싸우더라도 오래가지 않지.

 유리잔이 내 쪽으로 넘어지고, 쨍그랑 깨졌다

사소한 다툼일 때는 먼저 사과하고 다가서는 성향. 그런데 큰 다툼이 생겼을 때는 자신만의 기준이 명확해서 절대 사과하지 않을 수 있어.

유리잔이 진이 쪽으로 넘어지고, 깨지지 않았다

먼저 사과하지 않는 성향. 그렇다고 우정을 깨진 않아. 시간이 흘러 화가 풀리면 자연스럽게 화해하지.

 유리잔이 진이 쪽으로 넘어지고, 쨍그랑 깨졌다

먼저 사과하거나 다가서지 않는 사람. 화도 쉽게 풀리지 않아서, 친구가 먼저 다가오지 않는다면 둘의 우정은 깨져 버릴 수 있어.

 유리잔이 탁자 중간으로 넘어지고, 깨지지 않았다

한번 마음이 상하면 냉정하게 돌아서는 사람. 친구가 사과해도 쉽게 받아 주지 않아. 하지만 시간이 흐른 뒤 친구가 사과하면 고민해 보는 편이야.

 유리잔이 탁자 중간으로 넘어지고, 쨍그랑 깨졌다

다툼의 이유는 필요 없어. 문제가 생기면 사과를 하지도, 받아 주지도 않는 사람. 당연히 우정은 깨져 버리고 말지. 자신에게도 특별히 뭔가를 바라지 않아.

친구의 생일 선물
어떻게 고를까?

이번 주 토요일은 친구 미라의 생일이야.
베프인 미라에게 멋진 선물을 해 주고 싶은데
뭐가 좋을까? 선물 고르는 거 너무 힘들어~!

내 마음에 든다고 해서 친구가 마음에
들어 한다는 보장도 없잖아. 나도 달갑지 않은
선물을 받은 적이 있거든. 휴, 어떡하지?
너희라면 친구의 생일 선물을 어떻게 준비할래?

① 가격 제한 없이 미라가 원하는 대로!

② 미라야, 함께 가서 고르자~

③ 일단 예산을 미라에게 알려 줘야지

④ 먼저 상의한 뒤 내가 사서 줘야지

⑤ 뭘 고민해, 그냥 내 마음대로 살래!

심리 테스트 결과

 가격 제한 없이 미라가 원하는 대로!

성격 좋고 재능도 뛰어난데 돈도 많은 사람. 친구를 위해서라면 뭐든지 해 줄 수 있는 친구야.

 미라야, 함께 가서 고르자~

친구를 잘 배려하는 사람. 누구와도 사이가 좋지만, 친구들의 기대에 맞춰 주기 위해 자신을 희생하는 경향이 있어.

 일단 예산을 미라에게 알려 줘야지

친구의 의견을 듣기보다는 자기 의견을 내세우는 사람. 자신의 주장이 잘못되었다고 해도 어떻게든 이기려고 들어.

먼저 상의한 뒤 내가 사서 줘야지

여러 사람과도 이상적인 친구 관계를 잘 유지하는 사람. 너무 멀거나 가깝지 않게 모두에게 공평하려고 노력하기 때문이야.

 뭘 고민해, 그냥 내 마음대로 살래!

관심과 사랑을 많이 받고 싶은 사람. 친구를 생각하지 않는 건 아니지만, 본인의 생각을 더 중요하게 여기는 거지.

> 친구에게 줄 선물을 고르는 모습은 평소 나의 친구 관계 스타일을 보여 주는 거야.

SNS로 알아보는
친구 성향

난 틈틈이 SNS에 짧은 글과 사진을 올려. 주로 맛있는 음식 사진이야. 난 먹는 걸 너~무~ 너~무~ 좋아하거든! 친구들에게도 사진을 올리라고 해야겠다. 어떤 사진이 올라오려나? 두구두구~.

① 음식이나 풍경 사진

② 물건 사진

③ 다른 친구와 찍은 사진

④ 예쁘게 찍은 셀카

심리 테스트 결과

친구가 올린 사진을 보면
친구의 성향을 알 수 있어.
또한 내게
어떤 친구가 될지도
짐작해 볼 수 있지.
자, 결과를 확인해 볼까?

음식이나 풍경 사진

나와 취미를 공유하고 싶어 하는 친구야. 그렇다고 해서 깊은 친구 관계를 원하는 건 아니야. 속마음은 말하고 싶어 하지 않거든.

 ### 물건 사진

나를 마음이 통하는 소중한 친구로 생각하는 친구야. 이것저것 함께 공유하고 이야기를 나누고 싶어 하지.

 ### 다른 친구와 찍은 사진

나를 특별한 친구로 여기지 않고, 여러 친구 중 하나로 대하는 친구야. 그저 가볍게 어울리기 좋은 친구로 보고 있는 거지.

 ### 예쁘게 찍은 셀카

나를 경쟁 상대로 의식하는 친구야. 나에 대한 시기와 질투, 부러움이 마음속 깊이 꿈틀거리고 있지. 나에게 지고 싶지 않고, 알게 모르게 자신을 더 돋보이게 하려고 애쓰는 친구야.

비상금을 어디에 보관할까?

아싸! 오랜만에 만난 삼촌이 용돈을 주셨어.
부모님께는 비밀로 해야지! 그나저나 이걸 어디에
둬야 할까? 너희는 용돈을 받으면 어떻게 하니?

① 잃어버리면 안 돼! 주머니에 넣어야지

② 나는야 저축왕! 통장에 넣어야지

③ 나만의 비상금 저장소에 숨겨야지

④ 책상 속 용돈 보관함에 둬야지

심리 테스트 결과

이 심리 테스트는 친구들 사이에서의
내 인기도를 알아보는 거야.
과연 내 인기도는 어느 정도일까?
지금부터 함께 확인해 보자!

잃어버리면 안 돼! 주머니에 넣어야지

인기가 있나, 없나? 헷갈리는 유형. 인기가 많지는 않지만 그렇다고 아예 없는 편도 아니야. 오래 함께할 진짜배기 친구만 사귀는 편이라 그래.

 ### 나는야 저축왕! 통장에 넣어야지

인기인이 될 자질이 충분하지만 인기를 즐기는 성향이 아니야. 친하게 지내고 싶어 하는 친구는 많지만, 스스로 부담스럽게 여기지.

 ### 나만의 비상금 저장소에 숨겨야겠다

상당히 인기가 높은 편. 하지만 먼저 선을 긋는 경향이 있어. 좋아하는 친구에게는 잘해 주지만, 다른 친구들에게는 냉랭하고 까칠해.

 ### 책상 속 용돈 보관함 속으로

아주 인기가 많은 유형. 말솜씨도 좋고 재치도 있고 조언도 잘하니까 친구들 사이에서 인기 짱! 언제 어디서나 편하게 연락하고 만날 친구들이 넘쳐나.

나의 우정 지수는 어느 정도일까?

친구들과 잘 지내는지
궁금할 때가 있니?
그럴 때는 친구 관계
설문지를 해 봐. 질문에 답하고,
나온 점수를 모두 합하면 돼.
아주 간단하지?
그럼, 지금부터 시~작!

※ 문항에 답하고 해당하는 점수를 기록해 두세요.

	예	아니오
• 난 친구들에게 인기가 많은 편이야.	(1점)	(3점)
• 속마음을 털어놓을 친구가 한 명 이상 있어.	(2점)	(6점)
• 내 속마음을 잘 이야기하지 않아.	(5점)	(2점)
• 나를 믿어 줄 친구가 두 명 이상 있어.	(3점)	(8점)
• 우울하고 예민하거나 화나는 경우가 많아.	(8점)	(5점)
• 어울려 다니는 친구가 세 명 이상 있어.	(5점)	(9점)
• 흥이 많고 잘 노는 친구와 친한 편이야.	(1점)	(8점)
• 친구에게 편지를 쓰라고 하면 바로 떠오르는 친구가 한 명 이상 있어.	(4점)	(9점)
• 한숨을 습관적으로 자주 쉬는 편이야.	(3점)	(1점)
• 자신감이 있는 편이야.	(1점)	(9점)
• 난 행복하다고 생각해.	(2점)	(10점)

알쏭달쏭 심리 테스트 결과

점수를 잘 적었겠지? 이제 점수를
다 더해서 총점을 내는 거야. 총점이
바로 나의 우정 지수야.
계산 다 했으면 결과를
확인해 볼까?

 32점 이하

우정 지수가 상당히 높은걸! 지금까지 좋은 친구 관계를 잘 유지해 왔어. 앞으로도 하던 대로 쭉 해 나가면 만사 오케이!

33점~45점

우정 지수가 그럭저럭 괜찮은 편이야. 하지만 몇몇 친구와는 다소 껄끄러운 관계에 있겠는걸? 친구에게 상처를 준 일이 없는지 반성할 필요가 있어.

 46점 이상

좀 위험한걸! 네게 좋지 않은 감정을 가진 친구들이 은근히 있어. 멋대로 행동하지는 않았는지 돌아보고, 좀 더 친구들을 배려하고 존중하기를!

제3장 · 연애 심리 테스트

두근두근 ♥
내 사랑을 알려 줘

어디 있는 과일을 따서 먹을까?

지난 주말에 제주도 한라봉 과수원을 다녀왔어.
한라봉을 직접 따서 먹으니 완전
꿀맛이더라. 사진 한번 볼래?
너희라면 처음에 어떤 한라봉을
먹을래?

진짜 엄청 맛있어!

난 과일 싫다! 생선을 내놓으라옹!

① 바닥에 떨어져 있는 것

② 손만 뻗으면 딸 수 있는 것

③ 까치발을 해야 겨우 딸 수 있는 것

④ 도구를 이용해야만 딸 수 있는 것

심리 테스트 결과

이번 심리 테스트는 연인을 선택하는
성향을 알아보는 거야.
나는 어떤 사람에게
마음이 끌리고, 어떻게
연애를 시작하는
편일까?
궁금하지?
얼른 결과를
살펴보자~!

 ### 바닥에 떨어져 있는 것

가까운 주변에서 연인을 찾는 사람. 이상형이 나타나도 먼저 포기하고 마는 성향이라 잘 이뤄지지는 않지만, 연인이 되면 잘 믿고 오래 연인 관계를 유지해.

손만 뻗으면 딸 수 있는 것

아는 이성 친구 중에서 가장 괜찮은 사람을 골라 연애하는 현실파. 적극적인 표현으로 이성에게 꽤 인기가 있지.

까치발을 해야 겨우 딸 수 있는 것

자신의 부족한 부분을 채워 줄 수 있는 사람을 찾아. 까다로워 보이지만 의외로 기준이 확실해.

도구를 이용해야만 딸 수 있는 것

취향이 확고하지만, 다소 비현실적인 면이 있어. 연애를 아예 시작하지 못하거나 하더라도 만족감이 낮은 경우가 대부분이야.

생과일주스로 알아보는 데이트 스타일

아, 덥다, 더워!
무더운 날에는 얼음 가득한 생과일
주스가 최고지! 뭐? 너희도 마시고 싶다고?
너희는 어떤 생과일주스가 좋은데?

① 바나나주스 ② 키위주스 ③ 딸기주스

심리 테스트 결과

1 바나나주스

활동적이고 배려심이 많은 사람. 상대방이 하고 싶은 게 뭔지 알아 두고 함께 데이트를 즐기지. 단, 친구를 더 챙겨서 연인이 삐칠 수도 있으니 조심.

나는 안 주고 혼자만 먹는 거냐~옹?!

키위주스

멀리 나가기보다는 집에서 데이트하기를 좋아해. 다정하고 자상한 사람이라서 연인의 말도 잘 들어주고 원하는 활동도 함께하는 사람.

딸기주스

자신이 하고 싶은 것 위주로 데이트를 즐기는 사람. 데이트 중에 혼자만의 생각에 잠겨 있기도 하지만 사랑스럽고 유머러스한 사람이라서 상대방이 지루해하진 않아.

식당에 가면
연애 스타일이 보여!

냉면집에 들어가 물냉면을 시켜서 먹고 있는데, 다른 손님들은 비빔냉면을 시키지 뭐야. 알고 보니 이 집은 비빔냉면 맛집이었던 거야! 비빔냉면을 더 시켜, 말아? 너라면 어떻게 할래?

① 아쉽지만 물냉면만 먹고 나온다

② 한 그릇 더 주문해 먹는다

③ 맛볼 수 있게 조금만 달라고 부탁한다

④ 다음에 와서 먹기로 결심한다

심리 테스트 결과

 아쉽지만 물냉면만 먹고 나온다

이런! 연애에 자신감이 전혀 없네. 멋진 사람이 먼저 다가와 말을 걸면 속으로는 기뻐하면서도 표현을 못 하는 타입이야. 조금 더 자신감을 가져 봐!

한 그릇 더 주문해 먹는다

엄청난 행동파! 마음에 드는 사람이 있으면 망설이지 않고 돌진하는 스타일. 열정과 행동력을 모두 갖추었지만, 간혹 상대를 너무 몰아붙이지 않도록 조심해.

 맛볼 수 있게 조금만 달라고 부탁한다

마음에 드는 이성에게 적극적으로 호감을 표현하지 못하는 편. 상대방이 먼저 다가오면 연인이 될 수 있지만, 그렇지 않으면 눈앞에서 그 사람을 놓치게 되는 타입이야.

 다음에 다시 와서 먹기로 결심한다

결코 서두르지 않는 계획적인 타입. 마음에 드는 이성이 나타나면 차근차근 가까워지지. 별로다 싶으면 마음을 접기도 하고. 하지만 시간을 너무 끌면 다른 사람이 낚아챌 수 있으니, 적당한 때를 놓치지 말자!

붕어빵 먹으면서 내 바람기를 알아볼까?

이번에는 내 안에 숨겨진 바람기를 알아보자.
아주 간단해. 날씨가 쌀쌀해지면 떠오르는 간식,
붕어빵! 붕어빵 먹는 법으로 바람기를 알아볼 거야.
따끈따끈한 붕어빵을 들고, 한입 크게 앙!
너희는 붕어빵을 어느 부위부터 먹니?

① 머리부터 먹는다

② 등지느러미부터 먹는다

③ 아랫배부터 먹는다

④ 꼬리부터 먹는다

⑤ 반으로 잘라 먹는다

⑥ 한입에 통째로 우겨 넣는다

심리 테스트 결과

 머리부터 먹는다

한눈팔지 않는 지고지순한 순정파. 만나는 사람이 있으면 오로지 그 사람에게만 집중하는 일편단심 민들레야.

 등지느러미부터 먹는다

감성이 풍부하고 바람기가 있는 타입. 마음이 여려서 접근해 오는 이성을 밀어내지 못하기 때문에 또 다른 사랑의 감정이 싹틀 수 있어.

 아랫배 쪽부터 먹는다

성격이 쾌활하고 적극적이어서 동성이나 이성이나 누구와도 친하게 지내는 타입. 지금 만나는 사람이 있다면 대인 관계를 조심할 필요가 있어.

꼬리부터 먹는다

바람 따위는 용납하지 않는 의리파. 만나는 사람에게 최선을 다하는 만큼 상대방에 대해서도 엄격해. 바람 피우는 낌새가 있으면 가차 없이 이별을 통보하지.

반으로 잘라 먹는다

이해심 많고 배려를 잘해서 이성 친구들에게 호감을 많이 사. 하지만 늘 적절한 선을 넘지 않기 때문에 선뜻 연인으로 발전하지 않아.

한입에 통째로 우겨 넣는다

에너지 넘치는 쿨한 사람. 바람을 피우지 않아도 자주 오해를 받아. 본인은 연애 감정 없이 쿨하게 만나는데 상대방은 그렇지 않기 때문이지.

광고로 보는 나의 매력 지수는?

너희는 잡지를 볼 때
특별히 찾아보는 광고가 있니?
굳이 고른다면 어떤 광고야?
다음 그림을 보고 골라 볼래?
이번 심리 테스트는
광고를 통해 알아보는
나의 매력 지수야.

발톱 좀 깎아 줘. 잡지가 다 찢어졌어….

심리 테스트 결과

 중성적인 모델이 등장하는 광고

중성적인 매력을 가진 사람. 동성 친구에게는 인기가 높아도 이성 친구에게는 관심을 받지 못할 수 있어. 그렇다면 연애를 하기가 쉽진 않겠지?

 귀여운 동물이 등장하는 광고

동성보다는 이성 친구들에게 호감을 사는 사람. 동성 친구들에게는 시기와 질투의 대상이 되기도 해서, 이유 없이 공격을 받기도 해.

 광고 문구가 멋진 광고

인간적인 매력이 넘치는 사람. 청순가련한 외모에 성격은 소탈하여, 동성이든 이성이든 누구와도 친하게 지내. 주변의 지지와 응원을 듬뿍 받는 타입이지.

 제품이 강조된 광고

솔직하고 순수해서 보호 본능을 일으키는 사람. 동성과 이성을 가리지 않고 사랑을 받아. 애교가 많은 편이라 또래보다는 연상에게 인기가 많지.

나는 연인의 과거를
어떻게 대할까?

꿈을 꾸었어. 연인과 차를 타고 가는데 도로에 웬 검은 상자가 놓여 있지 뭐야. 차에서 내려 상자를 치울까 말까 하다가 꿈에서 깼어. 너희라면 어떻게 할래?

① 검은 상자를 피해 지나쳐 간다

② 차에서 내려 검은 상자를 치우고 간다

③ 연인에게 확인하고 오라고 시킨다

④ 차를 돌려 아예 다른 길로 간다

⑤ 검은 상자를 차로 치고 간다

123

심리 테스트 결과

검은 상자를 피해 지나쳐 간다

과거보다는 현재에 집중하는 사람. 현재 나와의 관계에 충실하다면 연인의 과거 따위는 묻지 않아. 상대방 역시 내 과거에 연연하지 않기를 바라지.

차에서 내려 검은 상자를 치우고 간다

연인의 과거를 꼬치꼬치 묻는 편. 누구와 어떻게 데이트했는지 끊임없이 물어보면서 현재와 비교하여 꼬투리를 잡는 타입이야.

연인에게 확인하고 오라고 시킨다

연인의 과거가 궁금하지만 쉽게 물어보지 못하는 사람. 혼자 이런저런 상상을 하지만 막상 알게 되면 상처 받을까 주저하는 거지.

차를 돌려 아예 다른 길로 간다

연인의 과거에 전혀 관심이 없는 사람. 과거를 알아 봤자 지금의 좋은 관계를 망칠 수 있다고 생각해. 그래서 연인의 과거를 알려고도, 자신의 과거를 말하려고도 하지 않아.

 ### 검은 상자를 차로 치고 간다

대책을 세울 수 없을 정도로 어디로 튈지 모를 사람. 기분이 좋을 때는 연인의 과거에 개의치 않지만, 기분 상하는 일이 생기면 끄집어내서 닦달하는 타입이지.

검은 상자는 연인의 과거를 의미해.

나의 연애 지수는 얼마나 될까?

연애 능력을 알 수 있는 심리 테스트가 있다는 거 아니? 궁금하지?
우리 한번 같이 알아보자.

꿈속에서 길을 헤매고 있었어.
문득 저 멀리로 집이 보여서 뛰어가 창문으로
집 안을 들여다봤더니….
여기서 잠깐! 집 안에 사람이 있었을까?
있었다면 몇 명일지 퍼뜩 떠오르는 수를
말해 보렴!

심리 테스트 결과

먼저 집 안에 있는 사람 수부터 확인해 보자. 집 안에 있는 사람 수는 나의 친화력을 나타내는 수치야. 몇 명이 있다고 생각했니?

1 없거나 1명 혼자가 편한 사람. 사교성과는 담을 쌓아서 사람이 많이 모인 장소에 가면 무척 피곤해해. 연애가 힘든 사람이야.

2 2명 낯가림이 심하지만, 남들 앞에서는 티 내지 않으려고 밝게 행동하는 사람. 대신 한번 친해지면 편안하게 대해.

3 3~5명 기분에 따라 손바닥 뒤집듯 행동이 달라지는 사람. 기분이 좋을 때는 수다스럽지만 기분이 별로면 전화도 안 받고 방콕!

4 6~9명 상당히 사교적인 사람. 눈치껏 치고 빠질 줄 알아서 인기도 최고! 마음에 드는 이성이 있으면 과감히 고백해도 좋아.

5 10명 이상 친화력은 뛰어나지만, 빠져야 할 자리에도 눈치 없이 끼는 경우가 많아. 은근히 피하는 사람도 있어. 연애를 자주 하지만 실속이 없어.

자, 질문 하나 더! 배도 고프고
다리도 아프고 해서 집 안으로 들어가려는데,
과연 현관문이 열려 있을까?
닫혀 있을까?

문은 내가
사람을 만나는 성향을
나타내. 과연 나는
어떤지 한번 볼까?

 닫힌 문

마음에 드는 이성이 있어도 쉽게 마음을 열지 못하는 사람. 자기만의 비밀도 많지. 교제를 해도 속마음을 잘 얘기하지 않아.

열려 있는 문

동성 친구는 물론이고 이성 친구에게도 마음을 잘 여는 편이야. 그 덕에 쉽게 친구를 사귀지. 마음에 드는 이성이 있으면 적극적으로 다가서기도 해.

기다려! 내 마음을 적은 편지 가지고 가! 내가 막 쉽게 마음을 여는 그런 냥이가 아니라고!

나에게 맞는 고백 방법은?

좋아하는 사람이 생겼어.
내가 성격이 좀 급해서 먼저 고백을 하려고
하는데…. 아, 어디서 어떻게 고백을 해야
그 사람이 내 마음을 받아 줄까?

① 전망이 탁 트인 타워

② 사람이 많은 번화가

③ 한적한 공원

④ 등대가 있는 바닷가

⑤ 놀이공원의 관람차

⑥ 성과 동굴이 있는 장소

알쏭달쏭 심리 테스트 결과

1 전망이 탁 트인 타워

성급한 고백은 금물! 천천히 한 발짝씩 가까워지길 추천해. SNS나 메신저를 활용하면 좋아.

2 사람이 많은 번화가

솔직함이 가장 강력한 무기! 살살 간을 보는 행동은 오히려 역효과가 날 수 있어.

3 한적한 공원

상대를 감동시킬 수 있는 고백을 준비해. 상대방의 장점과 특징을 칭찬하면서 마음을 전하면 연인이 될 가능성이 높아!

등대가 있는 바닷가

마음을 담은 편지로 고백해 봐. 감성적이고 로맨틱한 편이라 말보다 글로 고백할 때 효과가 커.

놀이공원의 관람차

인내심을 갖고 상대방이 다가오길 기다려! 슬프게도 마음을 담아 고백하는 일에 소질이 없는 편이야.

성과 동굴이 있는 장소

우연을 필연으로 만드는 노력이 필요해. 진지한 고백보다는 유쾌하고 친근하게 다가가는 게 훨씬 자연스러워.

아이스크림으로 알아보는 나의 애교 지수는?

이번에는 나의 애교 지수를 알아보려고 해. 다음 네 가지 아이스크림 중에서 가장 먹고 싶은 맛을 골라 보렴.

① 딸기 맛

② 녹차 맛

③ 초코 맛

④ 파르페 스타일

심리 테스트 결과

 딸기 맛

마냥 청순한 것 같다가도 이따금씩 훅 들어오는 애교를 보여 주는 반전 매력의 소유자. 부끄러움이 많아서 연인에게만 애교를 부리기 때문에 다른 사람들은 잘 몰라.

 녹차 맛

얼핏 지적이고 차분한 숙녀로 보이지만, 조금만 친해지면 세상 이런 애교쟁이가 없어. 하지만 낯가림이 심해서 친하지 않은 사람에게는 무뚝뚝하지.

 초코 맛

모두가 인정하는 애교의 끝판왕! 연인뿐만 아니라 누구에게나 스스럼없이 애교를 부리며 귀여움을 받지.

 파르페 스타일

부끄러움이 많아서 평소에는 애교를 잘 부리지 않는 편. 하지만 한번 애교를 부리면 너무 귀여워서 보는 사람의 마음을 살살 녹이지!

왜, 어째서, 무엇 때문에 참치 맛 아이스크림은 없냐~옹!!

좋아하는 여행법이 나의 이상형!

이번에는 나의 이상형을 알아볼 거야. 나는 어떤 사람에게 끌릴까? 자, 어떤 여행을 가고 싶은지 골라 봐.

① 기차 여행

② 버스 여행

③ 자동차 여행

④ 자전거 여행

⑤ 배 여행

⑥ 비행기 여행

심리 테스트 결과

 기차 여행

낭만적이고 로맨틱한 연애를 꿈꾸고 있어. 나를 우선으로 생각하고 배려하고 문제가 생기면 기다려 줄 수 있는 그런 사람이 이상형이야.

 버스 여행

친절하고 미소가 따뜻한 사람을 이상형으로 생각해. 덜렁대는 성격 탓에 자잘한 실수가 많으니, 언제나 내 편이 되어 줄 수 있는 연인을 꿈꾸는 거지.

 자동차 여행

활동적이고 열정이 넘치는 사람이 이상형이야. 사람을 강하게 이끌 줄 아는 리더십 있는 스타일을 좋아하지. 이런 사람이 나타나면 머뭇거리지 말고 적극적으로 다가가서 마음을 사로잡아야 해.

 자전거 여행

귀여운 스타일에 매력을 느껴. 외모도 성격도 귀여울수록 좋아하지. 아무리 유치한 행동을 해도 마냥 귀엽고 사랑스러워 보일걸.

 배 여행

생각이 깊고 경험이 많은 사람에게 끌리지? 그래서 또래나 연하보다는 연상에게 매력을 느낄 거야. 게다가 지적이면 호감도가 수직으로 쑥쑥 상승하지. 꼭 연상이 아니더라도 나이보다 성숙하고 진지한 사람이면 끌릴 거야.

 비행기 여행

자신만의 독특한 개성이 있는 사람을 좋아해. 패션 센스와 유머 감각까지 뛰어나면 정신 못 차리고 푹 빠지게 될 거야.

연인을 대하는 나의 스타일은?

바다가 내려다보이는 벤치를 상상해 봐.
이때 두 연인이 벤치에 앉아 있어.
둘은 어떻게 앉아 있을 것 같니?

① 양 끝에 멀찌감치 앉은 연인

② 마주 보고 앉아 있는 연인

③ 어깨동무를 하고
바싹 붙어 앉은 연인

④ 음료를 사이에 두고
앉아 있는 연인

심리 테스트 결과

바다를 바라보며 벤치에 앉아 있는 연인은
내가 연인을 대하는 스타일을 나타내.
나는 연인에게 얼마나 관심을
갖고 있을까? 그리고 연인을
어떻게 대할까? 자, 결과를
알아보자.

양 끝에 멀찌감치 앉은 연인

연애하면서도 서로에게 별로 관심이 없어. 이렇게 계속 상대방에게 거리를 두고 무관심하면, 결국 헤어지게 될지도 몰라.

 마주 보고 앉아 있는 연인

서로에 대해 속속들이 잘 알고 있는 연인이야. 상대방에게 관심이 많고 대화도 수시로 나눠.

 어깨동무를 하고 바싹 붙어 앉은 연인

연인의 모든 것을 알고 싶어 하고, 모든 일을 함께하고 싶어해. 그만큼 애착이 강하지. 연인 옆에 붙어서 잠시도 떨어지지 않으려고 해. 그래서 상대방이 바쁘거나 피곤해서 만나지 못하면 몹시 서운해하지.

 차를 사이에 두고 앉아 있는 연인

연인에 대해 잘 모른다고 생각해. 실제로는 잘 알고 있는데도 말이지. 말로는 상대방을 믿는다고 하지만, 실제로는 막연한 불안감을 갖고 있어.

이름으로 알아보는
연애 궁합

이름으로 보는 연애 궁합을 아니?
나와 상대방의 이름으로 두 사람이 얼마나
잘 맞는지, 어떤 관계가 될 수 있는지
알아보는 거야. 궁금하지? 한번 해 볼래?

획수 세는 법

자음
- 1획: ㄱ, ㄴ, ㅇ
- 2획: ㄷ, ㅅ, ㅈ, ㅋ, ㄲ
- 3획: ㄹ, ㅁ, ㅊ, ㅌ, ㅎ
- 4획: ㅂ, ㅍ, ㄸ, ㅆ
- 8획: ㅃ

모음
- 1획: ㅡ, ㅣ
- 2획: ㅏ, ㅓ, ㅗ, ㅜ, ㅢ
- 3획: ㅑ, ㅕ, ㅛ, ㅠ, ㅐ, ㅔ, ㅚ, ㅟ
- 4획: ㅒ, ㅖ, ㅝ
- 5획: ㅞ, ㅙ

설마 'ㄱ'을 2획으로 세는 사람은 없겠지옹?

방법

1) 내 이름과 상대방의 이름을 두 줄로 적는다.
2) 첫 글자부터 획 수를 0, 1, 2, 3, 0, 1, 2, 3…. 반복해서 센다.
3) 3개의 숫자가 나오면 OK.

김	아	리
박	서	준
3	2	0

ㄱ(0)→ㅣ(1)→ㅁ(2, 3, 0)→ㅂ(1, 2, 3, 0)→ㅏ(1, 2)→ㄱ(3)

ㅇ(0)→ㅏ(1, 2)→ㅅ(3, 0)→ㅓ(1, 2)

ㄹ(0, 1, 2)→ㅣ(3)→ㅈ(0, 1)〉→ㅜ(2, 3)→ㄴ(0)

설명을 잘 보고 따라 한다옹! 알겠냐~옹?

- 이름이 두 글자라면 다음과 같이 쓴다.

  김　아　리
  미　　　니

- 이름이 네 글자 이상이면 앞의 세 글자만 쓴다.

  김　아　리
  강　다　니　(엘)

심리 테스트 결과

나와 박서준 오빠의 연애 궁합은 320! 궁합이 어떤지 표에서 찾아봐야겠다. 후훗!
참, 너희 말이야, 이건 재미로 보는 궁합이니까 결과가 좀 이상하게 나와도
맘 상하지 않기다~!

000	너와 나의 사랑	100	순도 100% 사랑
001	우정	101	조심해
002	남자의 사랑	102	헤어져
003	웃기는 커플	103	마음의 사랑
010	장난스러운 사랑	110	열정적인 사랑
011	가난한 사랑	111	글쎄….
012	서로 안 돼	112	풋사랑
013	허황된 사랑	113	어색한 사랑
020	우린 어울리지 않아	120	티격태격
021	진실한 사랑	121	인연
022	남자가 바람둥이	122	절교가 답
023	짝사랑	123	천생연분
030	영원한 사랑	130	여자가 아까워
031	여자의 짝사랑	131	사랑? 웃기지 미!
032	잘 맞는 커플	132	들이대지 마!
033	잘해 봐	133	냉수 먹고 정신 차려

200 완벽한 사랑	220 둘만의 사랑
201 뭔가 찝찝해	221 꿈도 크네!
202 달콤한 사랑	222 상사병
203 행운	223 바람을 조심해
210 잠시만 만나	230 후회할지도….
211 순수한 사랑	231 핑크빛 사랑
212 둘이 어색한데?	232 삼각? 사각?
213 사귀는 거 반대야	233 이제 막 시작한 사랑

300	결혼할 사이	320	마음을 열어 봐
301	다음에 또 만나	321	만나지 않는 편이….
302	사랑보다 우정	322	혼자 좋아하는 거 같은데?
303	여자가 더 좋아해	323	서로 별로
310	이건 좀 아닌 듯	330	이 세상 끝날 때까지
311	서로에게 선물이야	331	사랑은 무죄
312	선물 좀 해라	332	고독한 사랑
313	눈빛으로 알 수 있는 사랑	333	행복한 사랑

행동으로 알아보는
호감 지수

호감 가는 사람이 있는데, 그 사람이 나를 어떻게 생각할지 몰라서 마음을 표현하지 못한다고? 그럴 때는 내 말을 듣는 상대방의 태도를 보면 그 답을 찾을 수 있어!

내 말을 들을 때
그 사람은 어떤 행동을 해?

① 눈을 바라보며 듣는다

② 몸을 자꾸 뒤튼다

③ 주변을 두리번거린다

④ 내 쪽으로 몸을 기울인다

심리 테스트 결과

 ### 눈을 바라보며 듣는다

꽤나 호감을 갖고 있는 상태야. 아직 마음이 싹튼 단계일 뿐이니까 너무 앞서가면 안 돼. 괜히 지레짐작으로 들떠 있다가는 호감이 비호감으로 바뀔 수 있어.

 ### 몸을 자꾸 뒤튼다

아무 감정이 없는 상태야. 설사 호감이 있더라도 지금은 이야기를 듣고 싶지 않을 수 있어. 듣기 싫은 이야기거나 마음이 서서히 떠나는 중일 수도 있어.

 ### 주변을 두리번거린다

이미 마음이 떠났을 가능성이 커. 가끔 주변을 둘러보는 정도야 괜찮아. 하지만 끊임없이 두리번거린다면 함께 있는 게 불편한 거야.

내 쪽으로 몸을 기울인다

상당히 호감을 가지고 있어. 어떤 말이든 주의 깊게 듣고 호응을 잘해 주지 않아? 그렇다면 이미 그린라이트! 어쩌면 마음속으로 고백할 준비를 하고 있을지도 몰라!

> 사람은 누구나 마음이 행동으로 드러나는 법이에요. 마음이 아플 땐 면역력이 떨어져서 건강에도 이상이 생기니 마음을 잘 챙기세요.

제4장 · 미래 심리 테스트

알쏭달쏭
내 운명이 궁금해!

나는 어떤 인생을 살아갈까?

수업을 마치고 집에 가려고 하는데 갑자기 비가 내리기 시작하지 뭐야. 우산은 없고, 집까지는 걸어서 10분 넘게 걸리는데…. 그냥 갈까, 말까? 이런 경우, 너희라면 어떻게 할래?

① 비가 그칠 때까지 기다려 본다

② 우산을 사서 쓰고 간다

③ 집에 전화해서 데리러 오라고 부탁한다

④ 비를 맞으며 집까지 뛰어간다

심리 테스트 결과

이번 심리 테스트는 내 앞에 펼쳐질 인생이 어떨지 알아보는 거야. 갑자기 예상치 못한 비가 왔을 때의 내 행동을 보고 미래를 알아보자!

비가 그칠 때까지 기다려 본다

안정적인 삶을 추구하는 현실주의자. 절대 모험은 하지 않고, 돌다리도 반드시 두들겨 보고 건너지. 소박하고 평온한 인생을 보낼 확률이 높아.

 ### 우산을 사서 쓰고 간다

성장 욕구가 강한 목표 지향주의자. 인생에서 이루고 싶은 꿈이나 목표가 뚜렷하고, 이를 위해서 꾸준히 노력하며 앞으로 나아가는 편이야.

 ### 집에 전화해서 데리러 오라고 부탁한다

후회와 미련이 많아서 과거에 사로잡히기 쉬운 타입. 주관이 약해서 사람들의 말에 휩쓸리기 쉬워.

 ### 비를 맞으며 집까지 뛰어간다

실패를 두려워하지 않는 타고난 모험가! 용감하고 씩씩한 도전주의자! 그래서 파란만장한 인생을 살게 될 가능성이 높아.

어떤 왕자님이
기다리고 있을까?

지금부터 아주 중요한 심리 테스트를 할게.
우선 동화 속에 나올 법한 아름다운 성을 상상해 봐.
나는 성문을 열고 들어가 왕자님을 만날 거야.
내가 만난 왕자님은 어떤 모습일까? 아, 잠깐
네가 남자라면 공주님을 상상하면 돼.

① 풋풋하고 귀여운 소년 왕자님

② 화려한 옷을 차려입은 멋쟁이 왕자님

③ 승마복을 입은 활기찬 왕자님

④ 따뜻한 미소를 띤 자상한 왕자님

심리 테스트 결과

성문을 열고 들어가서 만난 왕자님은 앞으로 내가 결혼하게 될 사람을 의미해. 내게 잘 어울리는 나의 이상적인 배우자는 어떤 사람일까? 지금부터 확인해 보자!

1 풋풋하고 귀여운 소년 왕자님

친구처럼 편하고 이야기가 잘 통하는 남자를 좋아해. 동갑이나 연하랑 잘 맞고, 친구로 지내다가 연인으로 발전해서 결혼하는 경우가 많아. 때로는 옥신각신 다투기도 하지만, 금방 화해하고 잘 지낼 거야.

화려한 옷을 차려입은 멋쟁이 왕자님

잘생기고 매너 있고 능력 있는 남자를 원해. 워낙 눈이 높아서 평범한 사람은 눈에 차지 않을 거야. 하지만 매력적인 남자일수록 따르는 여자가 많겠지? 수많은 경쟁자를 물리치고 그를 차지하려면 자신의 매력을 갈고닦는 노력이 필요해.

 ## 승마복을 입은 활기찬 왕자님

사회성이 좋고 인망 높은 남자가 어울려. 더 높은 목표를 향해 스스로 노력하는 타입이라, 서로 믿고 끌어 주는 관계가 좋거든. 옆에서 든든한 버팀목이 되어 주고, 조언과 응원을 아끼지 않는 동반자적 배우자야말로 찰떡궁합.

 ## 따뜻한 미소를 띤 자상한 왕자님

일편단심 민들레! 온화하고 가정적인 남자가 딱이야. 화려한 말재주나 유머 감각은 없더라도 마음씨 따뜻하고 순수한 남자를 만나야 행복한 결혼 생활을 할 수 있어. 서로를 존중하고 배려하면서 평생 금슬 좋은 부부로 잘살 거야.

누가 먼저 건널까?

친구와 여행을 왔는데, 흔들다리를 만났어.
그런데 흔들다리에 '한 번에 한 사람만 건너라'는
경고문이 붙어 있어. 자, 누구부터 건너야 할까?

① 친구 먼저 건너게 한다

② 나부터 건너간다

③ 가위바위보로 정한다

심리 테스트 결과

이번 심리 테스트는 내 장점을 알아보고 나를 높게 평가하는 사람이 누구인지 알아보는 거야. 과연 누가 나의 가능성을 알아보고 나를 지지해 줄까? 궁금하면 결과를 확인하러 출발~!

친구 먼저 건너게 한다

겸손하고 배려 깊은 사람이야. 신중하며 다른 사람을 위해 양보할 줄 아는 마음씨를 가졌지. 사회성이 좋고, 성실하며, 인내심이 뛰어나. 자기 관리도 엄격한 편이지. 그래서 전문 분야에서 능력을 인정받고 경력을 쌓아 온 전문가들에게 높은 평가를 받을 거야.

 나부터 건너간다

엉뚱하고 독특한 편이야. 추진력과 모험심도 투철해서 다들 엄두를 내지 못하는 일을 척척 해내기도 해. 그래서 창의적이고 자유분방한 예술가적 기질을 가진 사람들에게 높은 평가를 받아. 스스로 인생을 개척하는 자수성가형 사람들과 자기 스타일이 뚜렷한 사람들에게도 인정을 받아.

 가위바위보로 정한다

합리적인 이성이 앞서는 형. 규칙을 잘 지키고, 남을 속이거나 나쁜 짓을 저지를 확률이 거의 없어. 특히 조직을 이끄는 리더들에게 평판이 좋아. 회사나 단체에서 승승장구하며 중요한 역할을 맡을 수 있어.

어떤 초능력을 갖고 싶어?

슈퍼맨, 스파이더맨, 아이언맨!
영화에 나오는 초능력자들이야.
만일 이들처럼 초능력을
하나씩 가질 수 있다면
너희는 어떤 초능력을 갖고
싶니? 한번 상상해 봐!

절대 발톱의 위력을 보여 주마!

① 비행 능력

② 변신 능력

③ 투시 능력

④ 예언 능력

⑤ 투명 인간 능력

⑥ 치유 능력

⑦ 공간 이동 능력

⑧ 시간 여행 능력

심리 테스트 결과

1. 비행 능력 엉뚱하고 기발한 아이디어가 넘치고, 도전 정신도 강해. 독특하고 개성적인 창의성을 발휘할 수 있는 직업이 딱이야. 디자이너, 광고 기획자, 아트 디렉터 등을 추천해.

2. 변신 능력 넘치는 끼와 흥을 주체할 수 없는 타고난 연예인 스타일! 가수, 연기자, 모델, 개그맨 등이 적성에도 맞는 직업이야.

3. 투시 능력 관찰력과 집중력이 뛰어나서 한 가지 일에 깊이 몰두할 수 있어. 학구열도 남달라서 교수, 학자, 연구원 등이 잘 맞는 직업이야.

4. 예언 능력 유행에 민감하고 시대를 앞서가는 총명함이 있어서 세상에 없던 혁신을 이끌어 내곤 해. 벤처 창업가, 콘텐츠 기획자, IT 개발자 등

이 천직이야.

5 투명 인간 능력 호기심이 많고 상상력이 풍부해. 그래서 생각이 깊고 조리 있게 말을 잘해. 작가, 만화가 등 작품을 창작하는 직업이 어울려.

6 치유 능력 남다른 통찰력의 소유자야. 정신력이 강하고 판단력이 뛰어나며 멀리 내다보는 안목을 갖췄으니 타고난 지도자감이지. 정치인, 기업가, 종교인 등 사람들을 이끄는 리더가 적격!

7 공간 이동 능력 눈치 빠르고 감각적이야. 사람들이랑 어울리기를 좋아하고, 친화력이 좋아서 누구와도 금방 가까워지지. 기자, 홍보 마케터, 사회 복지사 등 사람을 대하는 직업이 좋아.

8 시간 여행 능력 탁월한 추리력과 탐구심을 갖추었어. 어려운 문제일수록 의욕이 불타오르고, 한번 손댄 일은 끝을 내야 직성이 풀리지. 검사, 형사, 발명가, 탐험가 등이 어울리는 직업이야.

나는 어떻게
부자가 될까?

친구들과 스키를 타러 왔어.
난 스키가 처음인데, 잘 탈 수 있을까?
그나저나 어떻게 내려가야 해?

① 한 발 한 발 조금씩 조심해서 내려온다

② 다른 사람에게 폐 끼치지 않게 한쪽 끝으로 내려온다

③ 마음을 비우고 집중해서 내려온다

④ 일단 전속력으로 질주해서 내려온다

심리 테스트 결과

스키 타고 내려오는 모습을
보면 내가 어떻게 돈을
벌고 부자가 될지
짐작해 볼 수 있어.
몹시 궁금하지?
자, 답을 알려 줄게!
기대하시라~!

한 발 한 발 조금씩 조심해서 내려온다

신중하고 확실하게 돈을 불려 가는 스타일. 스스로 열심히 일해서 돈을 벌고, 시간이 걸리더라도 꾸준히 모아서 큰돈을 만드는 데 재능이 있어.

다른 사람에게 폐 끼치지 않게 한쪽 끝으로 내려온다

유능한 정보 수집가형. 사람들 이야기 속에서 유용한 정보를 수집하고, 이를 토대로 집중 투자하여 목돈을 벌어들이는 스타일.

 ## 마음을 비우고 집중해서 내려온다

세상 부러운 일확천금형! 금전운을 타고나서 가만히 있어도 큰돈을 벌 기회가 오고, 돈도 잘 모아서 금방 부자가 돼. 요령이 좋아서 불운을 피하는 재주도 있어.

 ## 일단 전속력으로 질주해서 내려온다

부자가 되고 싶다는 욕망이 강한 편. 저축 말고도 부동산, 주식, 펀드 등에도 적극적으로 투자하지만 불법적인 일은 하지 않아. 최선을 다해 노력하는 멋진 자수성가형이지.

어디로 여행을 갈까?

세상에나, 내가 자유 여행 상품권에 당첨됐어~!
4개국 가운데 원하는 곳, 한 곳을 갈 수 있대!
아, 어디로 가지? 너희라면
어느 나라로 여행을 갈래?
가고 싶은 곳을 골라 봐~!

① 그리스의 산토리니

② 인도의 넬리

③ 미국의 라스베이거스

④ 스페인의 바르셀로나

심리 테스트 결과

이번 심리 테스트는 가고 싶은 여행지를 통해 '내가 타고난 운'이 무엇인지 알아보는 거야. 정말 궁금하지? 난 무엇보다 금전운이 있으면 좋겠는데…. 후훗! 자, 빨리 결과를 볼까?

그리스의 산토리니

사람들의 마음을 사로잡는 매력을 타고났어. 주변에서 언제나 좋은 사람들이 아낌없이 도와주고 응원해 주기 때문에 힘든 고비도 잘 넘겨.

인도의 델리

재주가 출중하고 일복이 많아. 경력이 쌓여 갈수록 점점 사회적 지위가 올라가면서 부와 명예도 따라와.

 ## 미국의 라스베이거스

금전운이 끝내줘! 돈 벌 수 있는 기회가 자주 오고, 생각지 못한 큰돈이 들어오는 행운도 있어. 사업운도 좋아서 기업가로 성공할 수도 있어.

 ## 스페인의 바르셀로나

먹을 복이 넘치네. 맛있는 음식을 먹을 기회가 많으니, 음식 관련 일을 하면 타고난 운이 더 좋아질 거야.

타임캡슐에 무엇을 넣을까?

우리 함께 타임캡슐을 준비해 볼까?
먼 미래의 나에게 보내고 싶은 물건을
타임캡슐에 넣는 거야. 너희는 미래의 나에게
어떤 물건을 보내고 싶니?

쥐돌이를 넣을까, 생선을 넣을까?

① 가장 아끼는 장신구

② 지금 내 모습을 찍은 사진

③ 그동안 쓴 일기장과 편지

④ 돼지 저금통

알쏭달쏭 심리 테스트 결과

타임캡슐에 넣는 물건으로,
앞으로 자신이 어떻게
나이 들어갈지 짐작해 볼 수 있어.
과연 나는 미래에 어떤
모습으로 늙어 있을까?
지금부터 확인해 보자!
렛츠 고!

가장 아끼는 장신구

멋진 실버 라이프를 즐기고 있을 거야. 여전히 패션 감각을 유지하고 자기 계발을 게을리하지 않지. 여행을 즐기면서 누구보다도 행복한 노년을 보낼 거야.

지금 내 모습을 찍은 사진

유쾌하고 친절한 노인이 되어 있을 거야. 가족과 친구, 이웃들로 둘러싸여 화목하고 정겨운 시간을 보내겠지. 건강 관리만 잘하면 더할 나위 없이 행복할 거야.

 ## 그동안 쓴 일기장과 편지

현명하고 지혜로운 노인 당첨! 말솜씨가 좋고 아는 것이 많아서 이야기 보따리를 풀면 아이들에게 인기 만점! 젊은이들에게는 인생의 스승으로 존경을 받을 거야.

 ## 돼지 저금통

젊어서 열심히 일하고 부지런히 모아서 재테크를 잘한 덕에 노후 생활이 편안할 거야. 경제적인 여유가 있어 남에게 잘 베풀다 보니, 사회적 평판도 좋아.